I0817177

# ¿Cómo se hace el algodón de azúcar?

Grace Hansen

Abdo Kids Jumbo es una subdivisión de Abdo Kids
abdobooks.com

**abdobooks.com**

Published by Abdo Kids, a division of ABDO, P.O. Box 398166, Minneapolis, Minnesota 55439.


052019

092019

Spanish Translator: Maria Puchol

Photo Credits: Getty Images, iStock, Shutterstock

Production Contributors: Teddy Borth, Jennie Forsberg, Grace Hansen

Design Contributors: Dorothy Toth, Laura Mitchell

Library of Congress Control Number: 2018968159

Publisher's Cataloging-in-Publication Data

Names: Hansen, Grace, author.

Title: ¿Cómo se hace el algodón de azúcar?/ by Grace Hansen.

Other title: How is cotton candy made?. Spanish

Description: Minneapolis, Minnesota : Abdo Kids, 2020. | Series: ¿Cómo se hace?

Identifiers: ISBN 9781532187476 (lib.bdg.) | ISBN 9781532188459 (ebook)

Subjects: LCSH: Candy--Juvenile literature. | Manufacturing processes--Juvenile literature. | Candy industry--Juvenile literature. | Discoveries in science--Juvenile literature. | Spanish language materials--Juvenile literature.

Classification: DDC 641.853--dc23

# Contenido

## Dulces comienzos

El algodón de azúcar está compuesto por un solo ingrediente, ¡el azúcar! El azúcar se saca de plantas como la caña de azúcar y la remolacha azucarera.

Las plantas son **cosechadas** y enviadas a una planta procesadora. Primero, se lavan bien. Luego se cortan en trozos pequeños.

43

## La elaboración del azúcar

Esos trozos se ponen en grandes calderas. El agua caliente ayuda a sacar las **sustancias** de las plantas. Estas sustancias son las que ayudarán a hacer el azúcar.

El agua endulzada se separa de los trozos de planta, se limpia y se **filtra**. Luego pasa a otras calderas.

10
ST. EVAPORATOR

El proceso de cocción evapora mucha agua, dejando un jarabe dulce. Este jarabe es de color café oscuro. Luego se cuece a baja presión. Este proceso hace que se formen cristales en el líquido.

Una máquina centrifugadora

saca los cristales del líquido.

¡Lo que queda es azúcar pura!

Después se le añaden colorantes

y saborizantes al azúcar.

# La elaboración del algodón de azúcar

El azúcar se vierte en una máquina especial con un calentador. El azúcar se calienta por encima de los 375°F (191°C) y se hace líquida.

La máquina gira muy rápidamente, haciendo pasar el azúcar líquida por pequeños agujeros. Así el azúcar se enfría velozmente al convertirse en finos hilos de azúcar.

Los hilos se enrollan en un pequeño palito. ¡Un esponjoso montón de algodón de azúcar está listo para comer!

## Más datos

- El algodón de azúcar se llamó originalmente “hilo mágico”.

- William Morrison y John C. Wharton inventaron el algodón de azúcar hecho a máquina en 1897. Hacían una extraña pareja. Wharton era pastelero y Morrison era dentista.

- ¡Se le añade colorante artificial para darle colores divertidos!

# Glosario

**cosecha** – recogida de los cultivos maduros.

**filtrar** – pasar por un filtro para eliminar los sólidos de un líquido.

**sustancia** – parte de lo que se compone algo.

# Índice

¡Visita nuestra página **abdokids.com** y usa este código para tener acceso a juegos, manualidades, videos y mucho más!